PLANETA ANIMAL

# EL CAMELLO

POR KATE RIGGS

CREATIVE EDUCATION • CREATIVE PAPERBACKS

Publicado por Creative Education
y Creative Paperbacks
P.O. Box 227, Mankato, Minnesota 56002
Creative Education y Creative Paperbacks son marcas
editoriales de The Creative Company
www.thecreativecompany.us

Diseño de The Design Lab
Producción de Chelsey Luther and Rachel Klimpel
Editado de Alissa Thielges
Dirección de arte de Rita Marshall
Traducción de TRAVOD, www.travod.com

Fotografías de 123RF (magiorestockstudio), Alamy
(imageBROKER), Alamy (imageBROKER, Martin Harvey,
Sibag), Deposit Photos (lkpro), Dreamstime (Michael Elliott),
Getty (Abstract Aerial Art), iStock (guenterguni, Pavliha),
Shutterstock (Alex Tumee, Andrea Willmore, Eric Isselee,
J_K, SeraphP)

Library of Congress Cataloging-in-Publication Data
Names: Riggs, Kate, author.
Title: El camello / by Kate Riggs.
Other titles: Camels. Spanish
Description: Mankato, Minnesota: Creative Education and
Creative Paperbacks, [2023] I Series: Planeta animal I
Includes index. I Audience: Ages 6–9 I Audience:
Grades 2–3
Identifiers: LCCN 2021061020 (print) I LCCN
2021061021 (ebook) I ISBN 9781640266704 (library
binding) I ISBN 9781682772263 (paperback) I ISBN
9781640008113 (ebook)
Subjects: LCSH: Camels—Juvenile literature.
Classification: LCC QL737.U54 R54518 2023  (print) I
DDC 599.63/62–dc23/eng/20211223
LC record available at https://lccn.loc.gov/2021061020
LC ebook record available at https://lccn.loc.
gov/2021061021

# Tabla de contenidos

Animales jorobados       4

Moradores del desierto       11

Las crías de los camellos       15

La vida en manada       16

Paseos en camello       20

Un cuento del camello       22

Otras lecturas       24

*La mayoría de los camellos del mundo son dromedarios, como este camello.*

# Existen dos tipos de camello. Los dromedarios viven en los **desiertos** de Medio Oriente y África. También hay algunos **salvajes** en Australia. El camello bactriano vive en los pastizales y desiertos de Asia.

**desiertos** lugares calurosos y secos donde llueve poco

**salvajes** animal que antes vivía cerca de las personas pero ahora vive en la naturaleza

LOS dromedarios tienen una joroba en su espalda. Los camellos bactrianos tienen dos jorobas. La joroba de un camello almacena grasa. No tiene ningún hueso.

*Un camello usa su grasa almacenada para la energía cuando hay poco alimento.*

LOS camellos miden entre seis y siete pies (1,8–2,1 m) de alto. Pesan más de 1.000 libras (453 kg). Comúnmente, los machos son más grandes que las hembras.

*La joroba de un camello le añade hasta 12 pulgadas (30,5 cm) de altura.*

Muchos camellos viven en lugares calurosos. Su pelaje grueso los mantiene frescos al bloquear el calor del sol. Los camellos bactrianos tienen el pelaje más largo que los dromedarios. Los camellos tienen pestañas gruesas. Las pestañas protegen sus ojos de la nieve en las montañas y del polvo en el desierto.

*El pelaje del camello puede tener hasta 4 pulgadas (10,2 cm) de espesor.*

Los camellos comen plantas. Comen pastos altos, ramas leñosas y plantas desérticas espinosas. Los camellos usan los dientes frontales de su mandíbula inferior para agarrar plantas. Después las mastican con los dientes de atrás.

*Los camellos tienen lenguas especiales que les ayudan a comer plantas que otros animales evitan.*

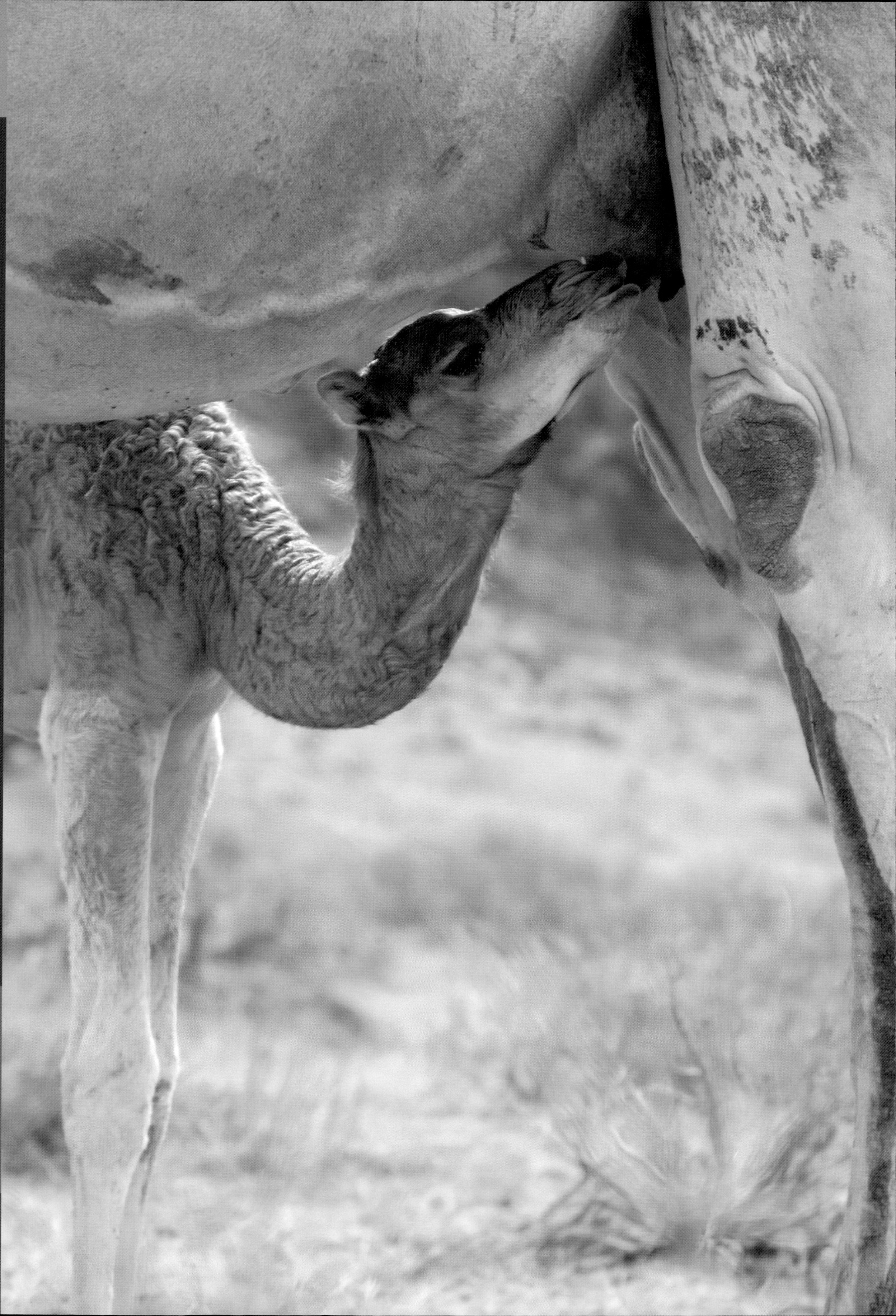

*Un camello recién nacido mide alrededor de 3,5 pies (1,1 m).*

La mamá camello tiene un **ternero** a la vez. Al nacer, los terneros no tienen jorobas. Sus ojos están abiertos y pueden ponerse de pie. Los terneros beben la leche de su madre hasta que cumplen un año.

**ternero** un camello bebé

*A una manada de camellos también se le llama caravana.*

La mayoría de los camellos salvajes viven en pequeños grupos llamados manadas. Algunas manadas están conformadas por hembras y crías. Los machos viven solos o con otros machos. La gente mantiene a los camellos **domesticados** en corrales. Los camellos pueden vivir entre 30 y 50 años.

**domesticado** que no les teme a las personas

Los camellos comen plantas siempre que puedan encontrarlas. Un camello puede comer unas nueve libras (4 kg) de alimento al día. ¡Puede beber unos 50 galones (189 l) de agua al día! Cuando un camello no come o bebe lo suficiente, su cuerpo usa la grasa de su joroba.

*Un camello puede pasar una semana sin beber agua.*

La gente usa a los camellos para transportar cargas pesadas. La gente también los monta. En los países donde no hay camellos salvajes, la gente va a los zoológicos y a los circos para verlos. ¡Es divertido ver de cerca a estos increíbles animales jorobados!

*Un camello puede cargar hasta 600 libras (272 kg) de peso.*

## Un cuento sobre el camello

**Un** escritor llamado Rudyard Kipling escribió un cuento sobre cómo los camellos llegaron a tener jorobas. Cuando el mundo era nuevo, todos los animales tenían trabajo. Pero el camello era muy perezoso. No quería hacer ningún trabajo. Cuando le pedían que trabajara, decía, "¡Humph!". Lo dijo tantas veces ¡que esta palabra se convirtió en un bulto sobre su espalda! Desde entonces, el camello tiene una joroba, o *hump* en inglés.

# Índice

África  4

Asia  4

comida  12, 19

desiertos  4, 11, 12

jorobas  7, 15, 19, 22

manadas  16

montañas  11

pelaje  11

tamaño  8

terneros  15, 16

tipos  4, 7, 11